예수님의 꿈아이

예꿈

JN422688

교회 학교용

예수님이 부르셨어요

예수님은 나의 주님이에요

예수님은 아기로 오셨어요

발행인 | 하용조
편집장 | 김정순
기획 및 편집 | 박승훈, 한인숙
연구위원 | 고은님, 권교화, 김윤미, 박길나, 이은연,
이은정, 이향순, 진명선, 표순옥(가나다순)
교정 교열 | 고진쥬
편집디자인 | 장원영
표지 일러스트 | 이은정
표지 디자인 | 김인숙
일러스트 | 박민정, 안나영, 오승원
사진 | 임귀주

초판발행 | 2008. 9. 10
17쇄 발행 | 2022. 8. 17
등록번호 | 제3-203호
등록처 | 서울시 용산구 서빙고로 65길 38
발행처 | 사단법인 두란노서원
영업부 | 2078-3333 FAX 080-749-3705
출판부 | 2078-3437

ISBN 978-89-92889-21-6 03230
책값은 뒷표지에 있습니다.

독자의 의견을 기다립니다.
kids@duranno.com http://www.duranno.com

예꿈 4(3~5세)

차례

1 예수님은 베드로를 부르셨어요

예수님 따라가는 자동차

예수님은 베드로를 부르셨어요. 베드로는 "네" 하고 따랐어요.
예수님은 나도 부르셔요. 나도 "네" 하고 따르겠어요.

1. 그림을 떼어내고 접어 자동차를 만듭니다.
2. 예수님, 베드로, 어린이 자동차 순서대로 풀로 붙입니다.
3. 줄이나 리본을 달아서 끌 수 있게 합니다.

함께 이야기해요

예수님을 사랑하나요?
예수님을 따르고 싶나요?
예수님의 제자가 되고 싶나요?

함께 기도해요

저도 예수님을 따르는 예수님의 제자가 되고 싶어요.

★풀칠하기★

★풀칠하기★

2 예수님은 마태를 부르셨어요

예수님의 제자 지갑

욕심쟁이 마태가 예수님을 만나 예수님의 제자가 되었어요. 마태는 어떻게 달라졌을까요?

1. 29쪽 지갑을 떼어내고 풀로 붙여 지갑을 만듭니다.
2. 돈을 가지런히 정리해 지갑에 넣습니다.
3. 제자가 된 마태의 모습을 상상하며 돈을 잘 사용하는 놀이를 합니다.

함께 이야기해요

마태의 이전 모습을 상상하며 흉내내 봐요.
“돈 더 줘!” “이 돈은 내 거야!”
제자가 된 마태의 모습을 상상하며 흉내내 봐요.
“내 거야.” 하며 욕심내지 않고
예수님처럼 사랑하며 살고 싶나요?

함께 기도해요

예수님을 따르는 제자가 되고 싶어요.

3 예수님은 삭개오를 부르셨어요

어! 삭개오가 나무에 올라가네요.

사람들이 예수님을 만나기 위해 엄청나게 모여들었어요.
삭개오도 예수님이 보고 싶어요. 하지만 키가 작아 보이지 않아요.
어떻게 하면 예수님을 볼 수 있을까요?

1. 나무 그림을 반으로 접습니다.
2. 삭개오의 그림을 반으로 접습니다.
3. 나무 그림과 삭개오 그림을 클립으로 끼웁니다.
4. 삭개오가 나무에 올라갈 때는 예수님 없는 쪽으로 올라갑니다.
5. 예수님 그림이 있는 쪽으로 돌려 예수님이 "삭개오야" 하고 부르시면 "네" 하고 내려옵니다.

함께 이야기해요

삭개오는 나무에 왜 올라갔을까요?
삭개오는 예수님의 친구가 되었나요?

함께 기도해요

삭개오에게 친구가 되어 주신 예수님, 감사합니다.

4 예수님은 바울을 부르셨어요

바울이 달라졌어요.

예수님을 미워했던 바울에게 예수님이 찾아오셔서 제자로 부르셨어요.
예수님을 만나고 바울은 완전히 달라졌어요.

1. 예수님을 만나기 전 바울의 그림을 떼어 냅니다.
2. 그림의 네 모퉁이의 사선을 따라 펴면 변화된 바울의 모습이 나타납니다.
3. 변화된 바울의 모습을 이전의 모습과 비교해 봅니다.

함께 이야기해요

바울이 예수님의 친구들을 잡아서 감옥에 가둘 때
어떤 표정을 지었을까요?
바울은 예수님의 목소리를 듣고 어떤 표정을 지었을까요?
바울이 다시 보게 된 다음에 어떤 표정을 지었을까요?
바울이 예수님의 제자가 된 후 어떤 표정을 지었을까요?

함께 기도해요

예수님, 나를 만나 주셔서 감사해요.

5 베드로와 예수님

물 위를 걷는 베드로

베드로는 예수님을 보고 바다 위를 걷기 시작했어요.
파도를 보고 무서워서 물에 빠진 베드로를 예수님이 구해 주셨어요.
예수님은 내가 두려울 때 나와 함께하시는 분이에요.

1. 31쪽의 베드로 그림을 오려냅니다.
2. 파도치는 바다가 되도록 점선대로 접어 올립니다.
3. 떼어낸 그림을 칼선에 끼웁니다.
4. 베드로 그림을 움직이면서 베드로를 구해 주신 예수님의 이야기를 말해 봅니다.

함께 이야기해요

예수님을 사랑하나요?
우리가 두려울 때 누가 우리를 구해 주시나요?

함께 기도해요

저를 언제나 도와주시는 예수님, 감사해요.
제가 무서울 때마다 도와주세요.

6 예수님을 모른다고 한 베드로

'안아 주시는 예수님 인형' 만들기

예수님을 모른다고 한 베드로를 용서하신 사랑의 예수님!
예수님은 우리를 끝까지 사랑해요.

1. 예수님의 가슴에 31쪽 하트 주머니를 만듭니다.
2. 베드로 인형을 예수님의 가슴에 넣습니다.
3. 예수님의 두 손을 맞잡게 하여 베드로를 안아 주시는 모습을 표현합니다.
4. 내 인형도 예수님의 가슴에 넣고 안아 주시는 예수님의 모습을 표현합니다.
5. 예수님의 양 손목을 겹쳐 끼워 줍니다.

함께 이야기해요

베드로가 잘못했을 때도 예수님은 베드로를 사랑하셨나요?
우리가 잘못할 때, 예수님은 우리를 어떻게 생각하실까요?
우리를 늘 사랑하시는 예수님께 뭐라고 말하고 싶나요?

함께 기도해요

나를 언제나 사랑하시는 예수님, 감사해요.

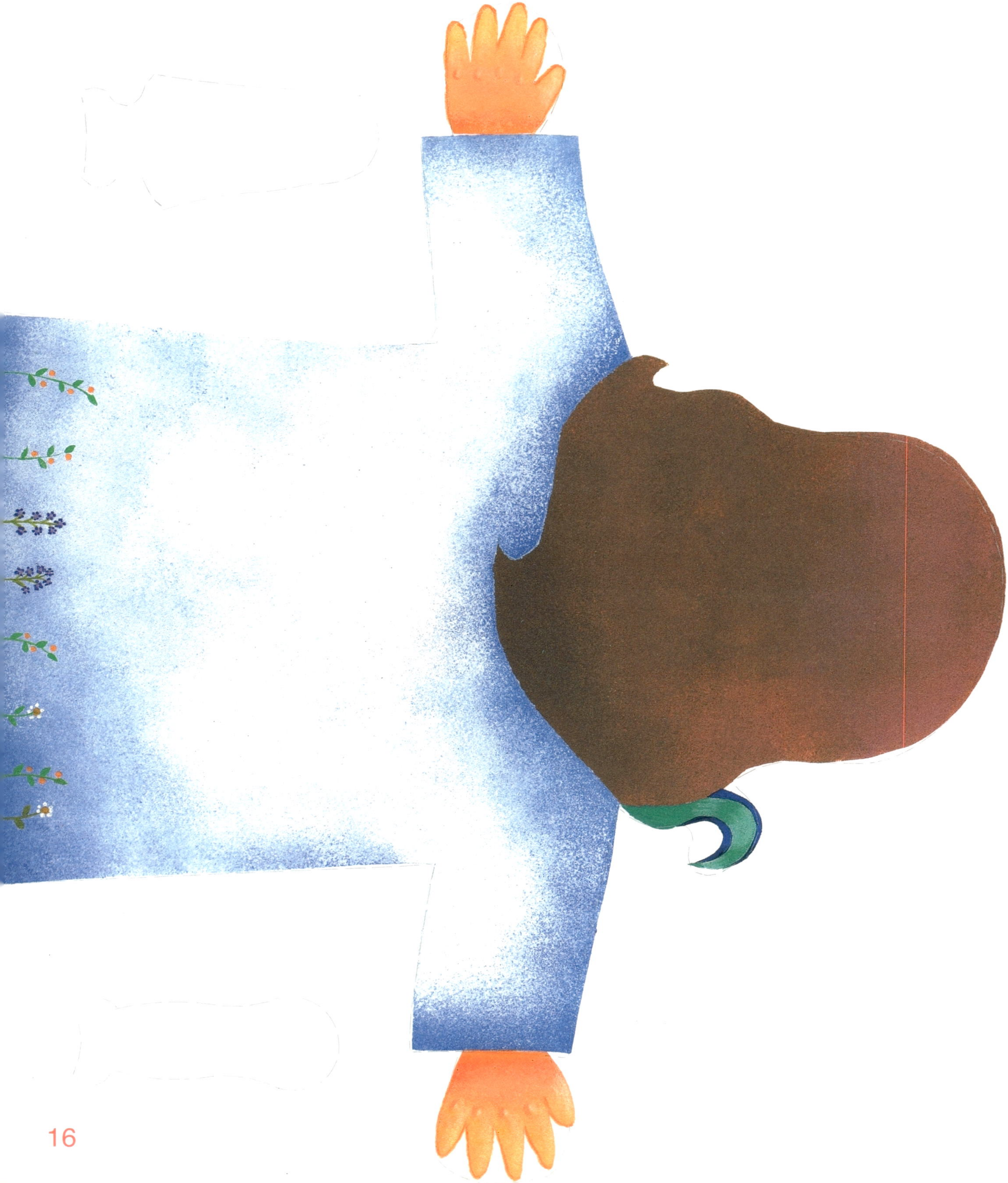

7 예수님은 베드로를 사랑하셨어요.

예수님 시소 만들기

예수님은 언제, 어디서나 나와 함께하시며
나를 사랑해 주시는 분이에요.
예수님과 신나게 놀아요.

※얼굴부분에 어린이 사진을 붙이세요.

1. 17쪽의 예수님 시소 그림을 떼어 냅니다.
2. 떼어낸 그림을 접고 풀칠 표시를 붙이면 시소가 완성됩니다.
3. 어린이 얼굴 부분에 준비해 온 자기 얼굴 사진을 붙입니다.
4. 완성된 시소를 가지고 놀며 예수님이 주시는 사랑을 느껴 봅니다.

함께 이야기해요

예수님은 나를 얼마만큼 사랑하시나요?
나는 예수님을 얼마만큼 사랑하나요?

함께 기도해요

나를 언제나 사랑해 주시는 예수님, 사랑해요.

8 감옥에 갇힌 베드로

기도손 만들기

하나님께서는 베드로 친구들의 기도를 들으시고 베드로를 구해 주셨어요.
우리 기도를 들으시는 하나님! 최고!

1. 기도손 그림을 떼어 냅니다.
2. 31쪽 그림을 붙이고 접고 풀칠하여 완성합니다.
3. 완성된 그림을 펼쳐 보며 이야기를 생각합니다.

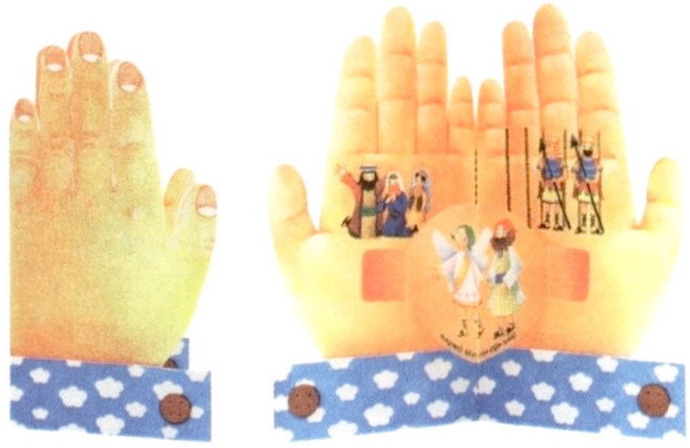

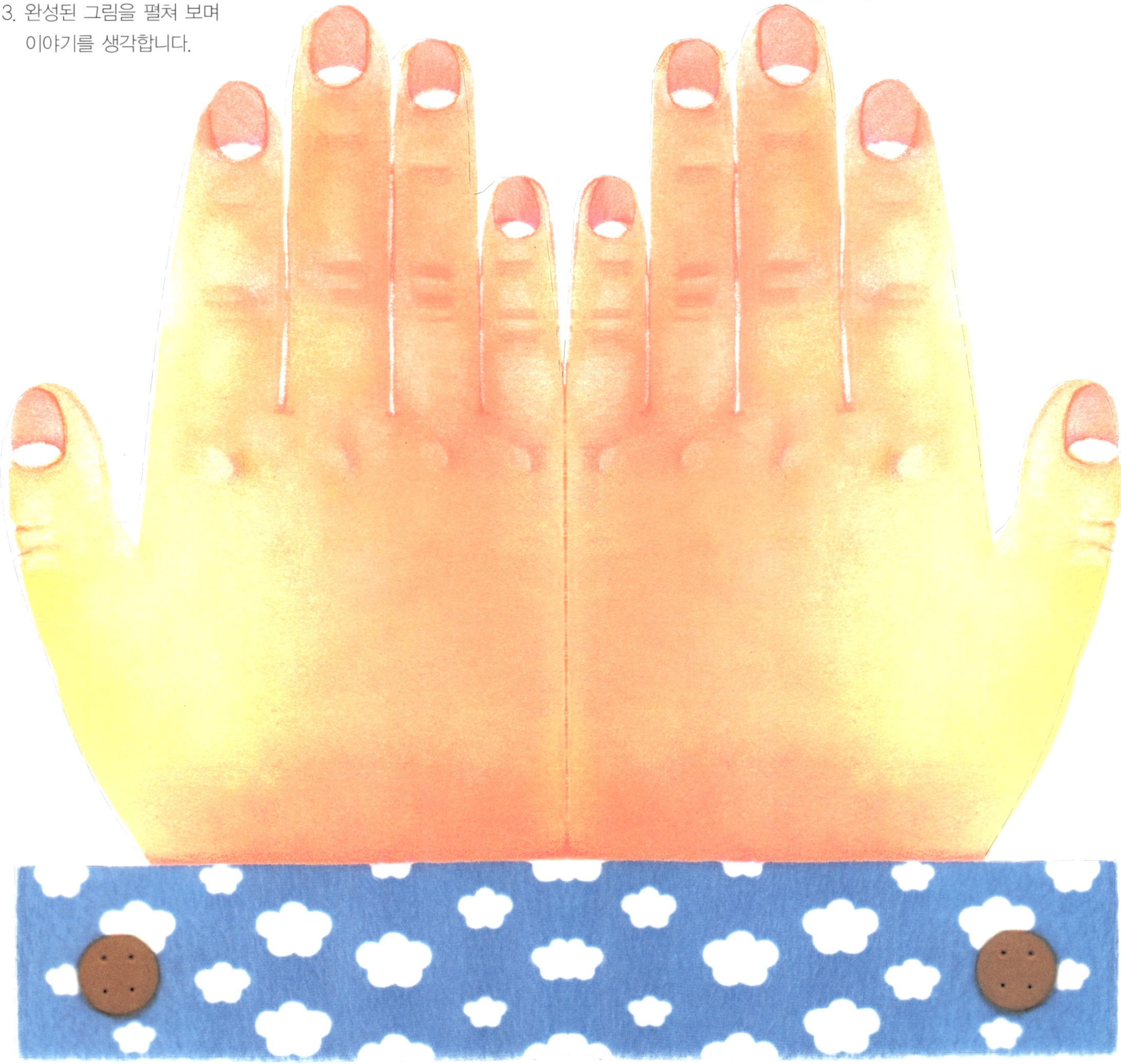

함께 이야기해요

감옥에 있는 베드로를 위해 친구들은 무엇을 했나요?
누가 베드로를 구해 주었나요?
친구들의 기도를 들어주신 분은 누구인가요?

함께 기도해요

우리 기도를 들으시는 하나님, 감사해요.

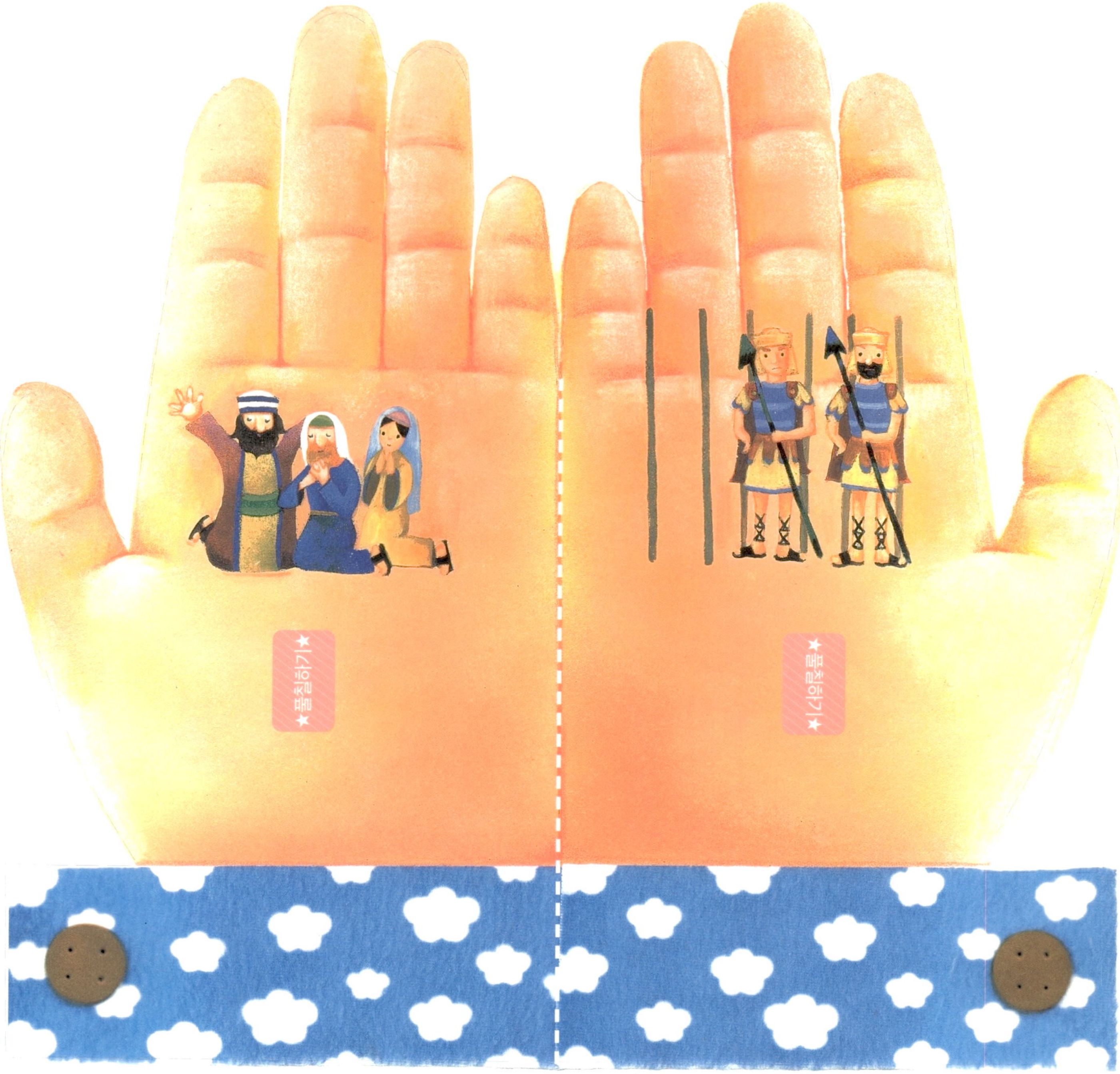

9 마리아와 아기 예수님

성탄 모빌1-마리아와 가브리엘 천사

천사가 말했어요. "기뻐하세요. 마리아! 당신은 하나님의 아들을 낳을 거예요."
순종하는 마리아가 대답했지요. "하나님의 말씀대로 이루어지기를 원합니다."

★12월 믿음 쑥쑥 활동은 "성탄절 모빌 만들기"로, 4주간의 예쁜 모빌을 모아 장식해 보세요.

1. 그림을 떼어냅니다.
2. 떼어낸 그림으로 성경이야기를 들려 줍니다.
3. 그림과 인형으로 모빌을 만듭니다.

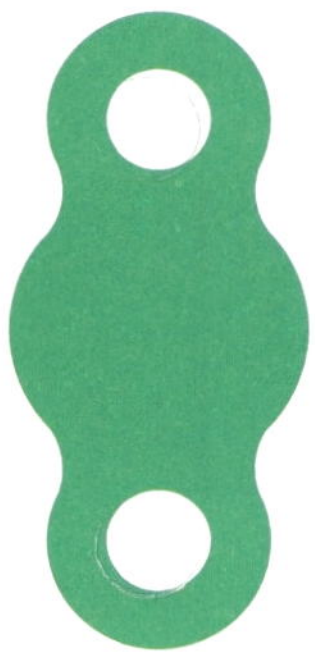

함께 이야기해요

천사가 마리아에게 찾아왔을 때 마리아는
어떤 표정을 지었을까요?
천사는 마리아에게 무슨 소식을 전했나요?
천사가 마리아에게 소식을 전했을 때
마리아는 어떻게 대답했나요?

함께 기도해요

하나님의 아들 예수님, 우리에게 오셔서 참 감사해요.

10 목자들과 아기 예수님

성탄 모빌2-목자들과 아기예수님

한밤중에 목자들이 양을 지키고 있을 때 천사들이 나타나
아기 예수님이 태어나신 소식을 전해 주었어요.
목자들은 아기 예수님이 계신 베들레헴으로 가서 찬양 드렸어요.

1. 그림을 떼어냅니다.
2. 떼어낸 그림으로 성경이야기를 들려 줍니다.
3. 그림과 인형으로 모빌을 만듭니다.

함께 이야기해요

천사는 목자들에게 무슨 소식을 전했나요?
아기 예수님께 목자들은 어떻게 축하했나요?
나는 아기 예수님께 어떻게 축하할까요?

함께 기도해요

우리의 구세주가 되신 예수님, 사랑해요

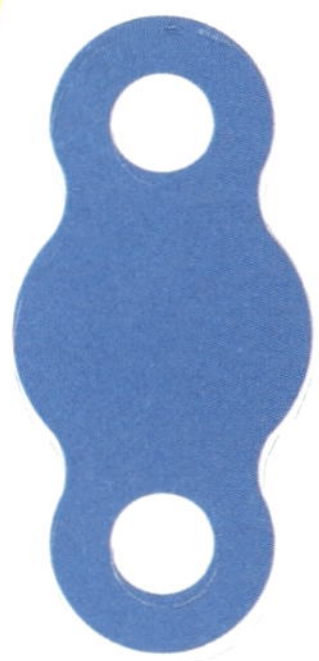

11 동방박사와 아기 예수님

성탄 모빌3 –동방박사와 아기 예수님

동방의 박사들은 큰 별을 따라 아기 예수님이 나신 곳을 찾아왔어요.
온 세상의 왕 아기 예수께 경배하며 세 가지 선물을 드렸어요.

1. 그림을 떼어냅니다.
2. 떼어낸 그림으로 성경이야기를 들려 줍니다.
3. 그림과 인형으로 모빌을 만듭니다.

함께 이야기해요

동방박사들을 아기 예수께 안내해 준 것은 무엇이었나요?
동방박사들은 아기 예수를 만나 무엇을 했나요?
나는 어떻게 예수님의 나심을 축하드릴 수 있을까요?

함께 기도해요

우리의 빛과 구세주가 되신 예수님,
이 땅에 오심을 기뻐하며 찬양해요.

12 시므온, 안나와 아기 예수님

성탄 모빌4-시므온, 안나와 아기 예수님

시므온과 안나는 기다리고 기다리던 아기 예수님을 드디어 만났어요.
"하나님께서 약속하신 구세주, 예수님을 만나게 하시니 감사합니다."

1. 그림을 떼어냅니다.
2. 떼어낸 그림으로 성경이야기를 들려 줍니다.
3. 그림과 인형으로 모빌을 만듭니다.

함께 이야기해요

마리아와 요셉은 아기 예수님을 데리고 어디로 갔나요?
시므온과 안나는 아기 예수님을 보고 얼마나 기뻤을까요?
(메리 크리스마스 : 기쁜 성탄절이라는 뜻입니다.)

함께 기도해요

하나님, 약속하신 예수님을 보내주시니 정말 감사해요.

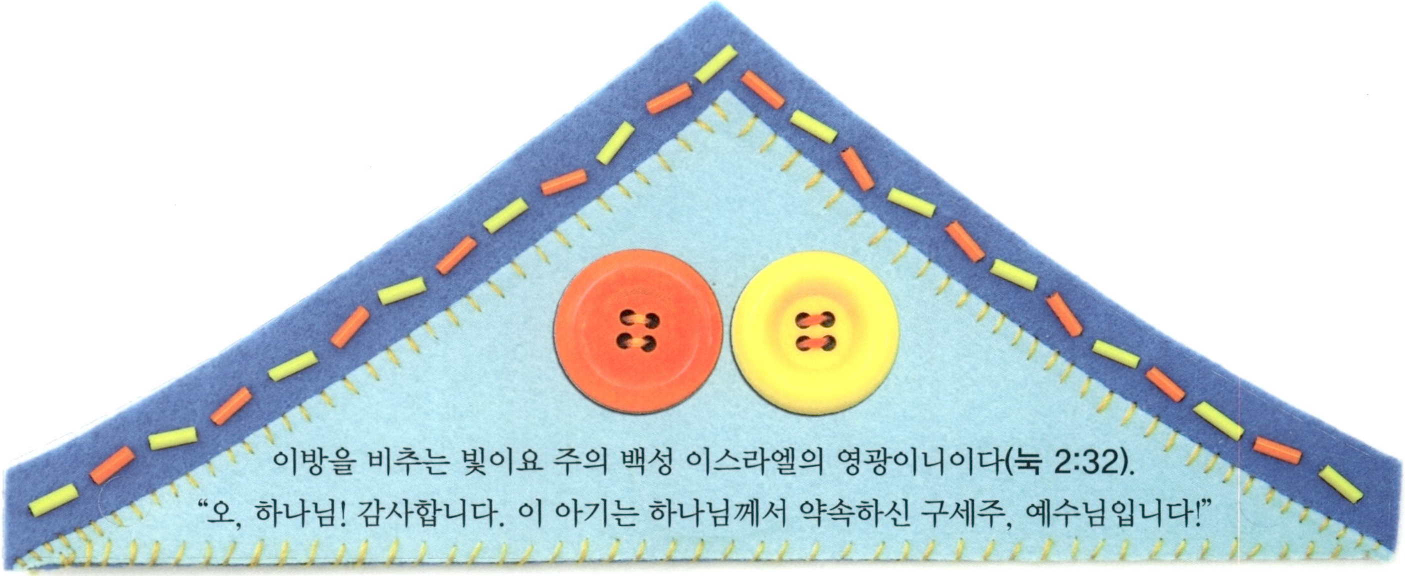

2과 예수님은 마태를 부르셨어요

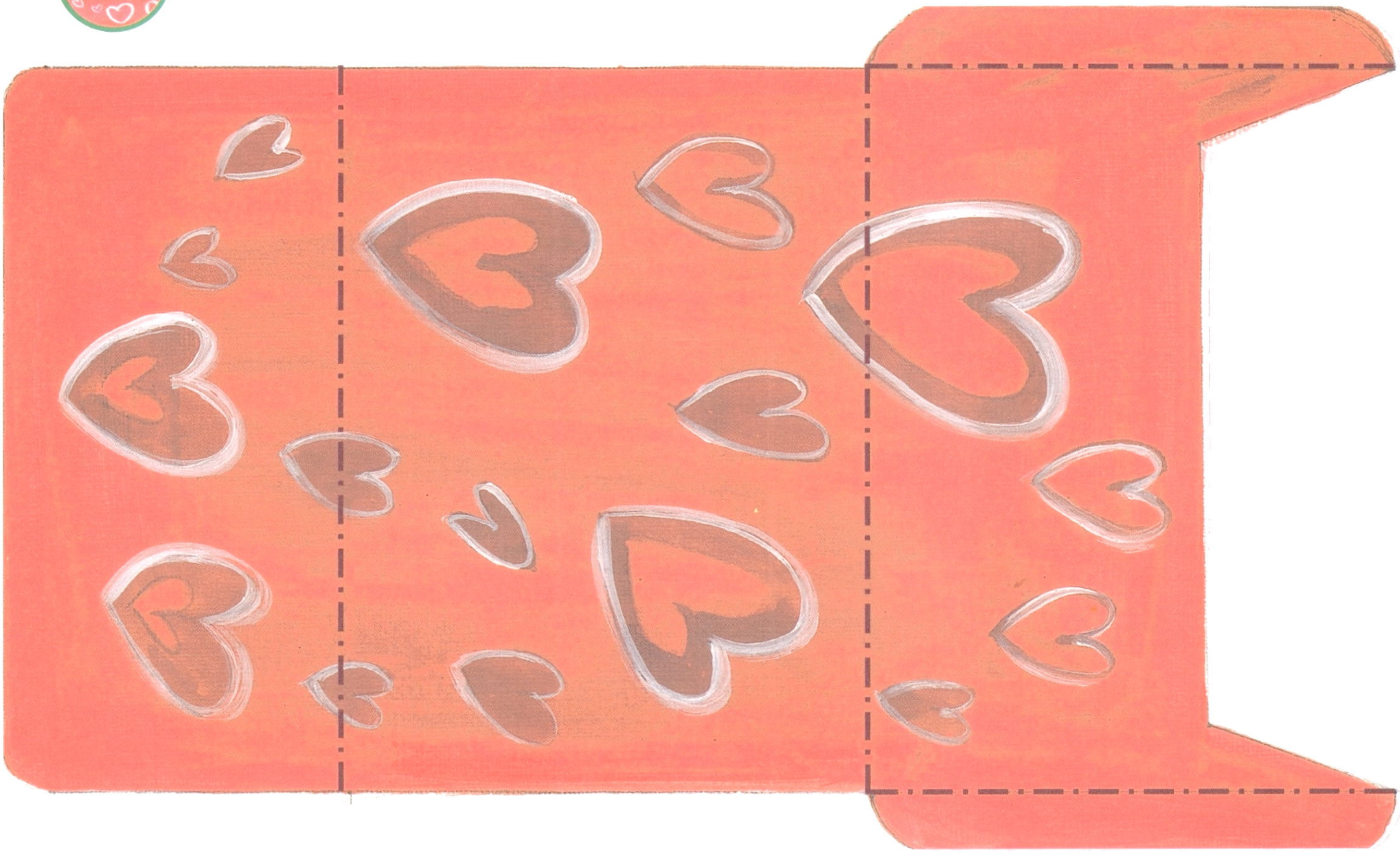

3과 예수님은 삭개오를 부르셨어요

★풀칠하기★

★풀칠하기★

5과 베드로와 예수님

6과 예수님을 모른다고 한 베드로

8과 감옥에 갇힌 베드로

★풀칠하기★

★풀칠하기★